点字にさわってみよう！

身のまわりにあるいろいろな点字、探してさわってみよう！

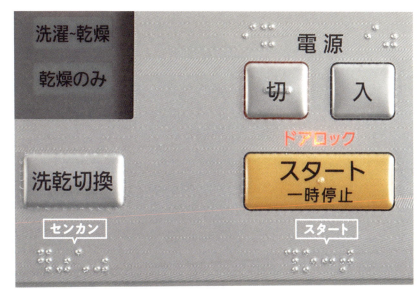

写真／パナソニック

協力／味の素　　協力／コニシ　　協力／ハウス食品グループ本社

点字はじめの一歩
① 点字のれきし
～ルイ・ブライユと石川倉次、そして今

文／黒﨑惠津子
絵／朝倉めぐみ

汐文社

はじめに

　私たちの毎日の生活の中には、少し気をつけてみると、たくさんの点字表示があります。点字の発明者ルイ・ブライユについて、小学校の教科書で勉強したという人もいることでしょう。
　それじゃあ、その点字はどんなふうに使われているんだろう？　その点字は役に立っている？　それとも不便なところがある？　点字がない時代、視覚障害者はどうしていたんだろう？　そんなことを考えたことがありますか。
　街で見かける点字のむこうには、点字をつくり、そして、受け継いできた歴史があり、点字を使って生活している人たちがいます。深くて、広い、点字の世界へいっしょにふみこんでみましょう。

CONTENTS

　はじめに ………………………… 2

STEP 01　点字の今
- こんなところで使われています　4
- 点字がついた商品　6
- さわってわかる工夫も　10
- バリアフリーから
　ユニバーサルデザインへ　16
- 安全に移動するために　18

考えよう！　22

STEP 02　点字のむかし
- 点字ができるまでは……　24
- ルイ・ブライユ、凸字に出会う　25
- バルビエの点字との出会い　26
- ブライユの点字は6点！　28
- でも、困難は続く　30
- デカポワン──読める、書ける
　アルファベット　31
- 今も使われる凸字　32
- 日本では……　33
- 小林新吉、日本で初めて
　点字を読む　35
- 小西信八と石川倉次　36
- 11月1日は点字記念日　38

STEP 03　点字のそれから、点字のこれから
- いろいろなことを書きたい、
　読みたい！　40
- 漢字だって書ける！　41
- 変わり続ける点字　42
- 点字を書く道具がほしい！　43
- パソコンの力は大きい！
　でも、考えるのは人間　44
- テープレコーダーからデイジー図書へ
　46
- 選挙、署名、試験……　47
- たくさんの本が読みたい！　49
- 日本盲人図書館ができる　50
- みんなの家の近くの図書館はどう？　52
- 点訳ボランティア　53
- 点字をありがとう　54

おわりに　56
点字をつくった人、育てた人を
もっと知りたい人のために　57

> 点字のれきし

STEP 01

点字の今

こんなところで使われています

　点字って知ってるよ、っていう人がふえました。街を歩いていても、いろいろなところに点字の表示があるのに出会います。たとえば、公共のたてものやマンションのエレベーター。

　何階でおりるか、それに、開く、閉じるがわかるとひとりで乗れる。「5階です」とか、「ドアがしまります」って、音声でいうものもあります。

　それから、非常ボタンも大事。もしかしたらひとりで乗っているときに事故で閉じこめられてしまうっていうこともあるから、そういうときでも助けを求められるようにしておくのは大切なこと。

写真／日立ビルシステム

ATM

銀行やコンビニエンスストアにあるＡＴＭ。点字表示とテンキーと音声で、視覚障害者がひとりでお金の出し入れをすることができます。預金の残高や入金、出金の通知を点字で発行する銀行もふえてきました。お金のことは人まかせにせず、自分できちんと確かめたいことのひとつ。税金に関する通知を点字で発行する自治体もでてきています。

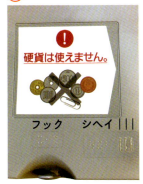

写真／セブン銀行

ファミレスのメニュー

ファミリーレストランの中には点字のメニューを用意しているところもあります。点字を使っている人が行かないとでてこないから、あまり知られていないかもしれません。「見せてください」ってたのめば、だしてくれると思います。でも、季節のメニューや新商品までは点訳されていないのが残念。新しいメニューって、やっぱりためしてみたいでしょう。

協力／セブン＆アイ・フードシステムズ

STEP 01　点字の今

点字がついた商品

中身が知りたい！

　身の回りにあるいろいろな商品にも点字がつけられています。ジャム、ドレッシング、ソース、オサケ。缶ビールやくだものの味がする缶入りのお酒には、「オサケ」という点字表示がされています。ジュースもビールも缶の形は同じなので、これでお酒かジュースかは区別できる。でも、ビールにもいろいろ種類があるし、くだもののお酒だってどんな種類か知りたいよね。ジャムやソース、ドレッシングも、ふだん自分が使っているものは、容器の形で何かはわかる。知りたいのはやっぱり中身。もう少しだけくわしく書いてくれると、情報はぐんとふえる。

写真／アヲハタ　　写真／キユーピー　　協力／ブルドックソース　　協力／サッポロビール

似た形のものを区別する

種類や商品名はわからないけれど、点字がついていると、形が同じもの、似ているものを区別するのには、とても役立ちます。

調味料を使うとき、形の似た容器の中からほしいものをサッと探せるのは便利です。

塩素系の漂白剤は、酸性の洗剤とまぜると有毒ガスが発生するので危険！危険なものは、はっきり表示されていると安心です。

協力／カゴメ　　協力／コーセー　　協力／ローソン J-オイルミルズ　　協力／ロケット石鹸

STEP 01　点字の今

人気の商品はこれ！

同じメーカーのほかの商品にはついていないけれど、よく売れている人気の商品についている点字。これがほしい！っていうときには、迷わないね。

協力／ハウス食品グループ本社　　協力／三島食品　　協力／コニシ

ずばり、商品名！

ずばり、商品名がわかると、選びやすく、使いやすい！　こういう商品がふえるといいなあ。

協力／ポッカサッポロフード＆ビバレッジ　　協力／味の素

くわしい！わかりやすい！

商品名や中身についてもっとたくさんの情報を点字で表示するのは、スペースも費用も必要でむずかしいのかなあとも思ったのですが……ハムやベーコンに商品名だけでなく、量も表示されているものがありました。

プリマハム
ロースハム
4マイ 3パック

協力／プリマハム

solan de cabras 500ml
ソラン・デ・カブラス
（スペイン語）

Pays d' Oe M.chapoutier
M・シャプティエ（ワイン）
（フランス語）

organic shea butter
ロクシタン
（フランス語）

協力／ロクシタンジャポン

日本で売られている外国の商品にも発見！　どれも外国語ですが、それぞれ長い商品名や容量などが点字で書かれています。ホームページを見ると、点字表示のことが書かれていて、会社の方針で点字がつけられていることがわかります。もしも私が点字を使うフランス人だったら……このブランドのラベルを読んで、あれこれ比べながら、ワインを楽しむことでしょう。

STEP 01　点字の今

さわってわかる工夫も

　点字だけではなく、さわってわかる工夫にもいろいろなものがあります。大切なのは、さわってサッとわかること、そして、それがメーカーや商品によってバラバラではなく、統一されていること。

家電製品

　我が家の全自動洗濯機には、「ススギ」「ダッスイ」「ヨヤク」など、それぞれのボタンのところに点字で書いてあります。「電源　切／入」や「洗乾切換」のように長い言葉は、「オン」「オフ」「センカン」とだけ書いてあります。
　電源とスタートボタンは洗濯するときはかならず使うから、ほかのボタンより大きくて、「電源　切」には横ぼうが、スタートボタンには点が、うきあがっています。点字をつけるだけじゃなくて、さわってわかりやすい工夫も大切なのです。電源やスタートのように、いつも使うボタンがほかのものよりも大きくてはっきりしているのって、目が見える人にもわかりやすいでしょう。

写真／パナソニック

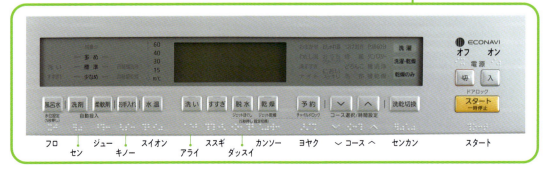

10

炊飯器、電子レンジ、テレビのリモコン、トイレの温水洗浄便座、電磁調理器、パン焼き機、浄水器……いろいろな家電製品に、点字表示やさわってわかる工夫がされています。自分の家の家電製品を見て探してみてね。見つけたら、どんな感じか、自分でさわってみてください。

音声の説明とさわってわかるボタンで操作！

写真／三菱電機

写真／シャープ

写真／パナソニック

写真／TOTO

写真／シャープ

STEP 01　点字の今

写真／花王

● シャンプー・リンス ●

ボトルの形が同じシャンプーとリンス。シャンプーはボトルに、横に線がうきあがっていて、さわって区別できるようになっています。

● 牛乳の切り欠き ●

「切り欠き」も、さわってわかりやすい方法のひとつ。紙パックの飲み物のうち、牛乳には、あけ口と反対側に丸い切り欠きがあります。たくさんの種類にちがう切り欠きの形を決めてつけるのはなかなかむずかしいけれど、牛乳だけは統一されています。

写真／雪印メグミルク

クロネコヤマトの宅急便の不在連絡票

クロネコヤマトの宅急便の不在連絡票には、猫の耳をかたどった切り欠きが入っています。たくさんの郵便物やチラシの中から、「あっ、宅急便がきたんだ」って発見することができます。

写真／ヤマト運輸

ハムのあけ口

食品のパッケージのあけ口も、さわってわかるでっぱりがあり、かんたんにあけられるものがあります。

協力／プリマハム

STEP 01　点字の今

お札

　お札をどう見分けるか。お札には、見分けるためのマークがつけられています。両はじに、一万円札はかぎ型、五千円札は八角形、千円札は横ぼう。でもこれは、じつはさわってもあまりよくわからない。もうひとつ、偽造防止のためにつけられたホログラムの部分がツルツルになっていて、一万円札はだ円形、五千円札は四角形、千円札はなし。これはわかりやすいので、ためしてみてください。

　目の見えない人たちは、実際にどうやってお金を区別しているのか。おさいふにしまうときに、一万円札は奥に、五千円札は半分に折って一万円札と同じところに、千円札は手前に入れるというようにして、入れる場所と折り方でわかるようにしている人が多いようです。

　硬貨は、大きさ、まわりにギザギザがあるかないか、穴があるかないかでわかります。

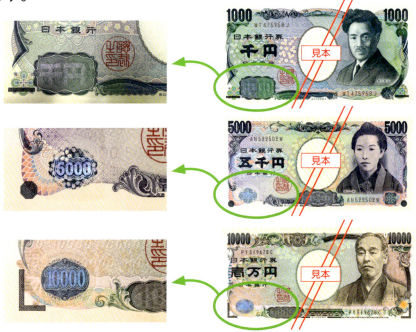

14

ゲーム

　これは普通のお店では売っていないから、なかなか見られないかもしれないけれど、目が見えなくてもさわってわかるようになっているトランプやウノ、オセロゲームです。ちょっと点字がつけられたり、さわってわかる工夫が加えられたりするだけで、見える人も見えない人もいっしょに楽しめることがぐんとふえるのです。

トランプ

カードのはじにマークのアルファベットと、数符を省略した数字の点字がうってあります。ハートはH、ダイヤはD、クラブはC、スペードはSのあとに数字がきます。

ウノ

トランプと同じように、色や数字や記号が点字で書かれています。黄色はY、緑はG、赤はR、青はB、スキップはs、リバースはrというように。

オセロ

黒い面にでっぱりがあって白い面と区別できます。盤のしきりもでっぱっていて、駒には磁石が入っていて、駒がずれないようになっています。これならいっしょに遊べるね。

写真／日本点字図書館

STEP 01　点字の今

バリアフリーからユニバーサルデザインへ

　障害（バリア）になるものをとりのぞく（フリー）という考え方から、どんな人も使いやすいものを作るというユニバーサルデザインの考え方へ。障害のある人をとりまく環境やもの作りの発想は、大きく変化してきました。

公衆電話から携帯電話へ

　緑の公衆電話に点字と、数字の「5」の上に凸点がついていることを知っている人も多いでしょう。でも、今、携帯電話やスマートフォンを使う人がふえて、公衆電話を使う人は少数派。目の見えない人にとっては、公衆電話を探すことじたいが大変だったので、なおさらです。
　携帯電話を持たない人もいるし、災害時などにも公衆電話の役割は大切ですが、視覚障害者の世界では公衆電話はほとんど利用されなくなりました。

コイン

カード　イリグチ
カード　デグチ

写真／NTT東日本

券売機からICカードへ

　今では普通になった点字とテンキーのついた券売機。点字表示かテンキーを使えば、目の見えない人もひとりで切符が買える。でも、JRから私鉄に乗りかえる切符は？　乗りかえボタンの位置もわからないし、乗りかえボタンを押すと金額の表示も変わっちゃう。

　それを軽々と解決したのが、PASMOやSuicaなどの交通系ICカード。いちいち料金を調べなくてすむし、乗りかえもらくらく。

　それでも、ICカードを持っていない子どものために乗りかえ切符を買うということは、やっぱりひとりではできないのです。さあ、どうする？

写真／東京メトロ

STEP 01 点字の今

安全に移動するために

点字ブロック

街の中にしかれている点字ブロック。点字ブロックには、点でできていて、「止まれ」を意味する「警告ブロック」、線でできていて、進行方向を示す「誘導ブロック」の2種類があります。横断歩道や建物の前は「止まれ」になっているはずです。横断歩道に音声信号がある場所もあり、小さな音が鳴り続けていたら、それは見えない人に押しボタンの位置を知らせているのです。

白杖を持っている人が点字ブロックのとおりに歩いていない姿を見かけることもあるでしょう。その道に慣れていれば、点字ブロックがなくても歩けるのです。初めての場所なら点字ブロックはとても役に立つでしょうし、慣れている道でも交差点の前とか、曲がるところとか、ポイントを点字ブロックで確認している人もいます。点字ブロックの上に自転車なんかぜったいにおかないでね！

点字ブロックの種類

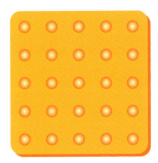

警告ブロック
危険箇所などを示す。

誘導ブロック
進行方向を示す。

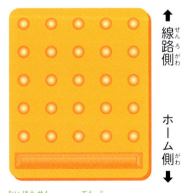

内方線つき点字ブロック
ホームの内側を示す線がつけられている。

↑線路側

↓ホーム側

歩道にレンガをしいているところで、"おしゃれ"なふんいきに黄色い点字ブロックではめだちすぎるから、と、めだたない色の点字ブロックがしかれてしまうことがあります。レンガに似た色、街の中に使われている色と同じような色……。でも、「弱視」の人（まったく見えないわけではなくて、ほんの少しだけ見えている人）の中には、はっきりと見える黄色をたよりに歩いている人もいるのです。点字ブロックは弱視の人たちにとっても大切なものなのです。

　街がおしゃれできれいに見えることも大切だけれど、そのために安心して歩けない人がでてしまうとしたら……。見える人だけ楽しい街じゃなくて、ひとりでも多くの人が安全に歩ける街の方がいいと思わない？

○ 良い例

方向が分かれるところに、警告ブロックがしかれています。

× 悪い例

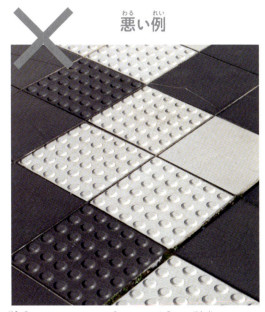

道路のデザインに合わせた色で、点字ブロックがめだちません。また、ジグザグにしかれているので、方向もわかりにくいのです。

19

STEP 01　点字の今

駅・電車

　電車や駅の中にも、安全に移動するために、点字でのいろいろな情報があります。階段の手すりには番線と電車の行先、電車のドアの内側には何号車の何両目かが点字で表示されていることがあります。ひとりで移動する人には、心強い情報です。

　ホームにしかれた点字ブロック。階段の始まりやおわりは「止まれ」、ホームのはじも、もちろん「止まれ」です。ホームの内側を示すために、「内方線」という1本の線が加わった点字ブロックなら、とっさにどちらによければいいかがわかって、より安全です。

　点字ブロックがあっても、混雑したホームは危険な場所で、視覚障害者がホームから転落する事故がなくなりません。転落事故をなくすために、ホームドアをつけることが進められています。

写真／東京メトロ

ホームドア

1バンセン　シブヤ　ホーメン
1ゴーシャ　1バン　ドア
←セントー（1ゴーシャ）

点字ブロック

階段の前には警告ブロックがしかれています。

手すり

「←デイリグチ5・キャピトルトーキューホテルホーメン」など、ホームや出口の情報が書かれています。

案内板（触地図）

改札やトイレ、エレベーターなど、駅の構内がさわってわかるようになっています。

電車の車両

電車のドアの内側につけられています。どの車両に乗っているかがわかると安心です。

考えよう！

👆 その点字表示は役に立っている？

　ふだん点字を使っている人は日本に３万人から５万人といわれています。点字の表示はだんだんふえてきているけれど、それは目で見てわかることにくらべたらほんのいちぶ。ぜんぶを点字で書くのはむずかしいことですが、もっといろいろなところで点字の表示がふえてほしいなあと思います。ひとりでしたい、同じように知りたい、自分の好きなものを選びたい、というのは、目の見える人も見えない人も同じなのです。

　でも、ただ点字をつければいいというものじゃない。点字の表示を見つけたら、それで目の見えない人が知りたいことがわかり、不便な思いをしないで、ひとりでいろいろなことができるかどうかを考えてみてください。

👆 「ユニバーサル」なものってなんだろう？

　手でさわってわかりやすい工夫をしたり、音声をつけたりすること、大きなはっきりとした文字やマークで表示することも大切なこと。目の不自由な人の中には、弱視の人たちもたくさんいるのです。わかりやすい表示や音声は、年をとってよく見えない人や、日本語が読めない外国人、小さい子どもにも便利なものです。障害の有無にかかわらず、みんなが使いやすいものを作るというのがユニバーサルデザインの考え方です。

　でも、音声が便利という人が多数派で、少数でも点字がいいなあという人がいたら、どうしたらいい？　「みんなが使いやすい」というのは、あんがいむずかしいこともあるのです。

まわりの人のサポートの大切さ

　もうひとつ考えてほしいこと。それは点字や音声のガイドをつければそれで十分なのかということ。忘れてはならないのは、人がサポートすることの大切さ。たとえば、買い物。いろいろな商品に点字がつけられたとしても、それをすべてさわって選ぶのは、時間がかかりすぎる。店員さんが買い物を手伝ってくれる方がいい。安全に移動するために設備を整えることも必要だけれど、駅のホームには必ず駅員さんがいてほしい。混雑するホームにいるたくさんの人たちが無関心だったら、やっぱり歩きにくい。まわりはみんな見える人。その目は、見えない人が危険なとき、困っているときに、役立つ目であってほしい。「何かお手伝いしましょうか」「だいじょうぶですか」という一声がさっとかけられる街だったら、安心して外出できる人がふえるんじゃないかな。人間のサポートの方がスムーズだし、きめこまかだと思うけれど、みんなはどう思う？

必要な情報は人によって異なる

　どういうふうにしたらいちばんわかりやすくて使いやすくなるのかな？　ああ、むずかしい！　大切なのは、目の見えない人の意見を聞くこと。でも、いろいろな人がいる。たとえば、お酒を飲まない人なら缶ビールに「オサケ」しか書いていなくても、気にしないかもしれない。小学生、中学生、仕事をしている人、子どものいるお母さん……不便に思っていること、それぞれにちがうでしょう。どの人に聞くかでちがうって、困る？　目の見えない人もそれぞれにちがう考えをもっている。いろいろな人に聞くことが大事なのです。ふだんから接するときがあるといいのにね。エレベーターにひとりで乗っているところを5回ぐらい見たら、あぶないとは思わなくなるでしょう。自分がいつも不自由しないですんでいると、気がつかないことって多い。どうしたらそれに気づくようになるのかな？　ちがう立場の人のことを考える力、想像力をもつことかな。あー、奥が深いねー。

STEP 02 点字のむかし

点字のれきし

点字ができるまでは……

　今、世界中で使われている6点の点字をつくったフランス人のルイ・ブライユが学んだ盲学校は、1784年、バランタン・アウイによって始められました。そのころは目が不自由な人はまわりの人からさげすまれていて、そういう人たちを教育するなんて、まじめに考えられていない時代でした。

　点字ができるまでには、ひものむすびめの形でアルファベットをあらわす方法や、木ぼりのアルファベットなどがつくられていました。アウイは紙にアルファベットの凸字を印刷する方法を考えだしました。アウイがつくった盲学校では、そのうきあがった凸文字の本が使われました。

写真／ユニフォトプレス

ルイ・ブライユ、凸字に出会う

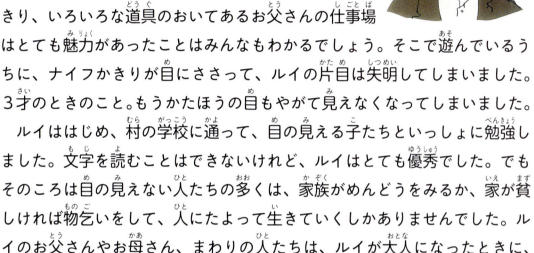

　ルイ・ブライユは1809年生まれ。お父さんは馬具を作る職人でした。小さい子どもにとって、ナイフやきり、いろいろな道具のおいてあるお父さんの仕事場はとても魅力があったことはみんなもわかるでしょう。そこで遊んでいるうちに、ナイフかきりが目にささって、ルイの片目は失明してしまいました。3才のときのこと。もうかたほうの目もやがて見えなくなってしまいました。

　ルイははじめ、村の学校に通って、目の見える子たちといっしょに勉強しました。文字を読むことはできないけれど、ルイはとても優秀でした。でもそのころは目の見えない人たちの多くは、家族がめんどうをみるか、家が貧しければ物乞いをして、人にたよって生きていくしかありませんでした。ルイのお父さんやお母さん、まわりの人たちは、ルイが大人になったときに、なんとか自分でくらしていけるようにしたいと考えて、ルイを盲学校に入れる決心をしたのです。

　10才でパリの盲学校に入学したルイはここで凸字に出会います。ゆっくりとだけれど文字が読める！　これで本が読める！　うきあがった文字に初めてふれて、ルイはとても興奮しました。

　けれどもそれに慣れてくると、やっぱり凸字は満足できるものではありませんでした。1文字ずつ指で確かめながら読んでいると、速く読めないどころか、さいしょの方に書いてあったことを忘れてしまいます。本を作るのはたいへんな作業で時間もかかり、本の種類もわずかだし、1冊の本でも、何冊にもなってかさばって重くなってしまいます。それに読むことはできても、自分で書くことはできないのです！

STEP 02　点字のむかし

バルビエの点字との出会い

　フランスの砲兵大尉シャルル・バルビエは、はじめ、戦場で夜でもさわってわかる暗号を考えました。そして、それを盲人用の文字として使うことを思いついて点字をつくりました。バルビエの点字はさいしょは11点、それから改良して12点でつくられました。

　バルビエは盲学校を訪れて校長先生にその点字を紹介しました。ピニエ校長は生徒を集めてバルビエの点字を読ませてみました。線でできた文字でなくて、点！　生徒たちは大喜びでした。すぐにその点字が読めるようになりました。今まで文字の形をさぐって読んでいたのが、点だったらかんたんにわかるのです！　指先でさわって読むために、文字の形をすてて、点を使ったのは大きな前進でした。

　けれども、この点字にもたくさんの欠点がありました。バルビエの点字は発音中心に考えられていて、つづりを正確に書くことができませんでした。フランス語は、つづってあるアルファベットと発音がちがっていることが多いのです。句読点もないし、数字もない。楽譜も書くことができません。バルビエには、盲人に正確なものなんか必要ない、わかるものが書ければいいという考えがありました。バルビエだけではなくて、そのころの人々の中にはそう考える人が少なくなかったのです。

　それから、12個もの点は指先には入りきらないので、さっと読むことができません。もっと正確にいろいろなことを書きたい、もっと速く読みたい、という盲学校の生徒たちの強い願いは、バルビエにはよく理解できませんでした。

　自分でもっと良いものをなんとかしてつくろう。そのときから、ルイの6点点字完成への長い道のりが始まりました。

	1	2	3	4	5	6
1	a	i	o	u	é	è
2	an	in	on	un	eu	ou
3	b	d	g	j	v	z
4	p	t	q	ch	f	s
5	l	m	n	r	gn	mll
6	oi	oin	ien	ste	x	ment

STEP 02　点字のむかし

ブライユの点字は6点！

　ルイは寄宿舎で、夜、友だちがねしずまってから、夏休みは家に帰って、長い時間、点字の研究を続けました。そして15才のとき、とうとう6点点字をつくりあげました。ルイの点字は、指先に入るのでさわって読みやすく、規則的につくられていて覚えやすいものでした。

　6つの点の組合わせでできるのは64とおり、どの点もうたないものをひくと63とおり、ルイはそれらをならべて表をつくりました。まず1行めには、6点の中の上の4つの点、①②④⑤の点でつくられるもの10種類をならべました。2行めは1行めの点字に③の点を加え、3行めは③⑥の点、4行めは⑥の点、5行めは1行めの形を下に下げる……というように規則的にならべました。

　そしてこの表をもとにして、アルファベット、数字、音楽の記号などを決めていきました。アルファベットは、1行めの10種類はaからj、2行めはkからt、3行めはuからzまでとアクセント符のついた文字、というようにあてられています。

　ルイはそのあと、盲学校の先生になり、授業をするいっぽうで点字の研究を続けました。そして、音楽の記号も完成させて、楽譜も点字で書けるようになりました。それまでは楽譜を使わないで覚えるか、アウイの凸字、つまり、音符やト音記号なんかがそのままうきあがっている楽譜を読んでいたのです。wはフランス語ではほとんど使われないので、はじめはありませんでしたが、これもあとになってつけ加えられました。

ブライユのアルファベット・記号・数字

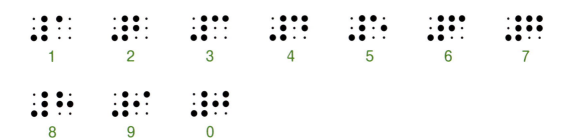

STEP 02　点字のむかし

でも、困難は続く

　盲学校の生徒たちは、それまでできなかったこと、文章を書き、本を読み、日記をつけ、友だちと手紙のやりとりをする、そういうことができるようになって大喜びでした。

　けれども盲学校では点字はなかなか正式に認められませんでした。点字を使うのが禁止されたことさえありました。目が見える人と同じ文字を使うことがいいことだ、という意見が強くあったのです。

　でも、目の見えない生徒たちには、点字が自分たちにもっともふさわしい文字だということがよくわかっていました。生徒たちは学校で禁止されても点字を使い続けていました。そういう生徒の様子を見て、やがて盲学校では点字を積極的に使っていく方針になりました。それでも点字はフランス政府に公には認められませんでした。政府が公式に点字を認めたのは1854年、ルイがなくなって2年後のことでした。

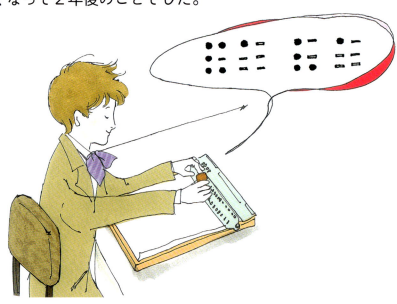

デカポワン──読める、書けるアルファベット

　ルイは点字の発明のあと、目の見える人も見えない人も読み書きができる文字の開発にとりくみました。そうして、「デカポワン」という、縦10×横10の点でアルファベットの形をそのまま表す文字を完成させたのです。それまでの凸字はなんとか読めたとしても、書くことはできませんでしたが、デカポワンは、目の見えない人も書くことができたので、人にたのまずに、自分で手紙が書けるようになったのです。はじめは1点ずつうっていましたが、盲学校の卒業生のフランソワ・ピエール・フーコーの協力で、デカポワンを書くためのラフィグラフという器械も作られました。

　やがて目の見えない人も、アルファベットを書くときには、普通のタイプライターを使うようになり、デカポワンは使われなくなりました。目の見えない人が普通の文字を書き、書いたものを自分で確認できるようになるには、パソコンの登場を待たなければなりませんでした。

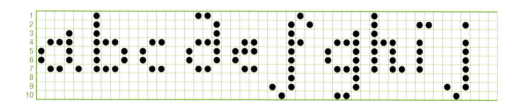

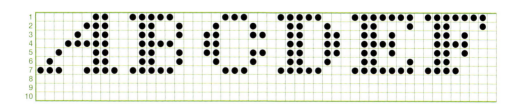

STEP 02　点字のむかし

今も使われる凸字

　点字ができてからも凸字の研究を続ける人もいました。読むのに時間がかかる、書くのも大変、それにかさばってしまう凸字は、点字が広まっていくとほとんど使われなくなりました。でも、大人になって失明して、アルファベットの形は覚えているけれど、小さい点を指先で読むのは大変という人の中には、凸字の方が読みやすいという人もいるのです。

　アルファベットの形を省略して、さわってかんたんにわかる形にした**ムーンタイプ**という凸字は今でも使われています。ムーンタイプを使った雑誌や本も作られているし、それを書くタイプライターもあります。ムーンタイプをつくった**ウィリアム・ムーン**自身も目が見えませんでした。ムーンタイプも、ブライユの点字と同じように、目の見える人の立場ではなくて、見えない人自身の立場で、目で読む文字ではなくて、指でさわって読む文字としてつくられたからこそ、ずっと使われ続けているのです。

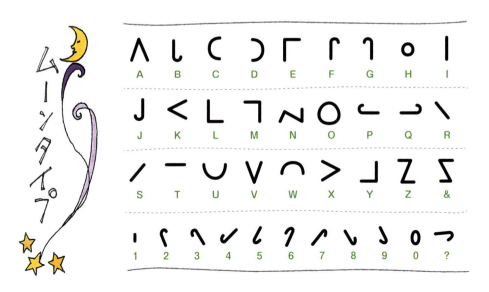

> 日本では……

　日本でも点字ができるまでには、文字をさわってわかるようにするためにいろいろな方法がためされました。日本で最初の盲学校である京都盲唖院（そのころは盲学校とろう学校はいっしょだったのです）では、木ぼりの凸字を使ってひらがなやカタカナ、漢字を教えていました。それから、こよりで文字の形を作ったり、松やにで文字を書いてさわってわかるようにする方法も考えられました。でも、こういう方法では、やっぱりすらすら読めないし、自分で書くこともできなかったのです。

　東京盲唖学校（1884年（明治17年）から1887年（明治20年）までは「訓盲唖院」という名前でした）でも凸字を紙に印刷した本を使っていました。

STEP 02　点字のむかし

　なんとかして自由に読んだり書いたりできる文字がつくれないものか。生徒だった小林新吉は、もめんの糸をむすんでいろは順に文字をあらわす、むすび文字という方法を考えました。むすびめをひとつ作って、少しはなしてもうひとつむすんで「い」、ひとつむすんで少しはなしてふたつむすんで「ろ」、ひとつとみっつで「は」……、「ち」になると、ふたつむすんで少しはなしてひとつというようになっています。

　このほかにも文字の形をうきださせて焼いたれんがを使ってみたり、針で文字の形を作って紙にさして文字をうきださせたりと、いろいろな方法がためされましたが、どれも実際に使うのには不便で、あまりにも時間がかかるものばかりでした。

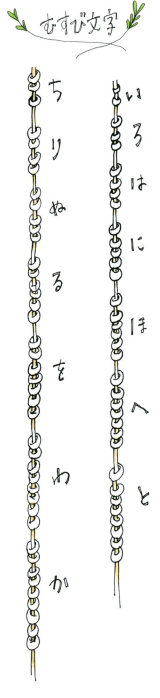

むすび文字

いろはにほへと

ちりぬるをわか

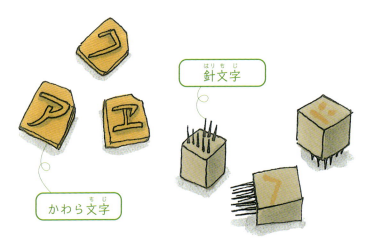

かわら文字

針文字

小林新吉、日本で初めて点字を読む

　1886年(明治19年)に東京盲啞学校にやってきた小西信八は、生徒たちが凸字の教科書を苦労して読んでいるのを見て、自由に読み書きできる文字が必要だと強く感じました。そこで東京教育博物館の館長をしていた手島精一に相談してみました。東京教育博物館は今では国立科学博物館になっています。そのころはヨーロッパやアメリカの教育についての資料をたくさん集めていました。手島精一はアメリカのフィラデルフィアで開かれた万国博覧会で、アメリカで見えない人、聞こえない人の教育に使われている器具を集めたり、イギリスのロンドンでは、イギリスでブライユの点字を広めたアーミテージに会っていたりしたので、点字のことをよく知っていました。

　小西信八は手島精一からブライユの点字があることを教えられ、イギリス製の点字盤を借りることができました。さっそく小林新吉に教えてみると、すぐに覚えて、ローマ字で日本語を書きあらわし、からだじゅうに喜びがあふれたそうです。

　初めて自由に読んだり書いたりできる文字！

STEP 02　点字のむかし

小西信八 と 石川倉次

　小西信八は点字が指でさわって読むのによい文字だということをすぐに理解しました。なんとかこの点字を日本語で使えるようにしたい。小西はその仕事を同じ盲唖学校の先生である石川倉次にたのみました。

　石川倉次はまず、6点でできる組合わせは63とおり、でも同じ形で高さがちがうものはまちがえやすいから、それをひくと44とおり、日本のかなは48文字あるから4文字たりないと考えました。今使われている50音表はワ行には「わ」と「を」があるだけですが、そのころは「ゐ」や「ゑ」もありました。

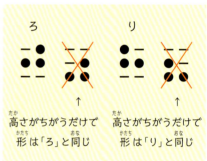

　そこで石川倉次は8点の点字を考えました。生徒とともに研究と実験をくりかえして、8点の50音をつくりましたが、たった4文字のこと、なんとかブライユと同じ6点でつくれないだろうかとまた改良にとりくみました。

　1890年（明治23年）になって、同じ学校の遠山邦太郎が6点で50音をつくってきました。これにヒントをえて、石川倉次は今日本で使われている点字のおおもとになるものを考えだしました。生徒の伊藤文吉と室井孫四郎からもひとつの案がでてきました。遠山邦太郎の案と伊藤・室井のものはブライユの点字のならべかたをいかしたもの、石川倉次の案はまず「あ・い・う・え・お」を決めてそれに点を加えていくもので、ブライユのならべ方とはちがったものになっていました。

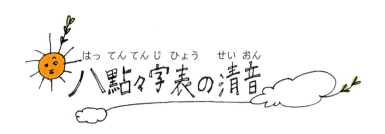

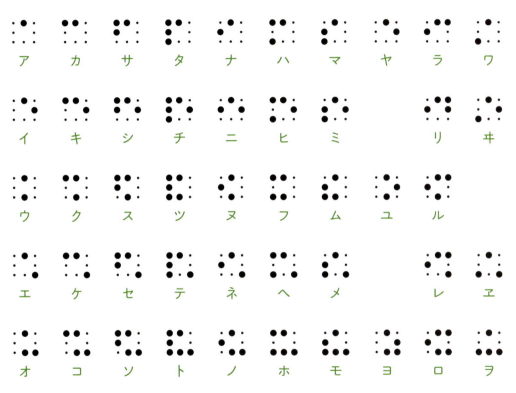

STEP 02　点字のむかし

11月1日は点字記念日

　そこで日本の点字を選ぶための研究会が開かれることになりました。この研究会には、先生はもちろん、生徒も何人も参加しました。似ている形のものをできるだけ少なくして読みやすくすること、書きやすく、覚えやすいものにすること、普通に使われているひらがなは点字でもぜんぶ書けるようにすること。3つの案のうち、どれがいちばんこれらの条件にあっているか。先生と生徒とが対等に、盲人の文字をどうするかについて、4回の研究会と何度もの実験を行いました。

　研究会の中で、ブライユの点字をそのまま使ってローマ字で日本語を書くのではなく、日本のかなを新しくつくること、いろは順ではなくて50音順にくみたてること、数字はブライユのものと同じものを使うことなどが決められました。また、濁点や半濁点（「がぎぐげご」の「゛」、「ぱぴぷぺぽ」の「゜」）は前につけること、言葉と言葉の間を1マスあけて分かち書きをすること、「これを」の「を」は「ヲ」のまま、「今日は」「学校へ」などの「は」や「へ」は発音どおりに「ワ」「エ」と書くことなど、今も日本で使われている点字のおおもととなるきまりも決められました。

　そして1890年（明治23年）11月1日、日本の点字を石川倉次の案にすることが決定したのです。11月1日は点字記念日となりました。

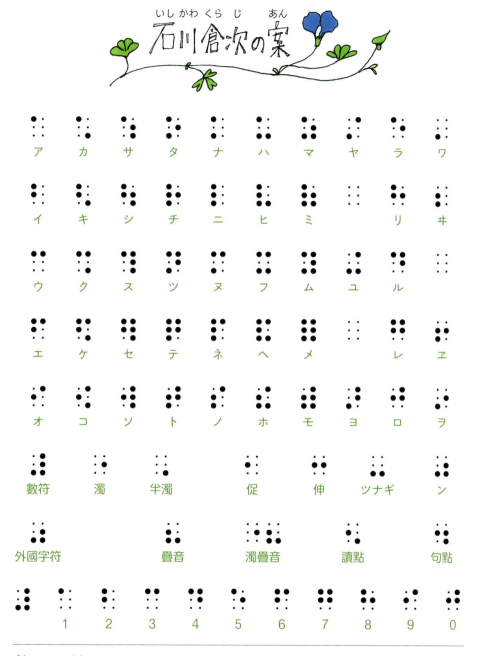

促(ッ)　伸(ー)
疊音＝畳音（くりかえしの音「いよいよ」「ますます」など）
濁疊音＝濁畳音（くりかえしでにごる音「ひとびと」「それぞれ」など）
讀點＝読点（、）　句點＝句点（。）

STEP 03 点字のれきし

点字のそれから、点字のこれから

> いろいろなことを書きたい、読みたい！

　石川倉次の案に決まったとき、それよりも良いものができたら、そのときはすぐにそれを使おうということも決められました。石川倉次はその後も点字の研究を続け、さいしょはなかった、ファ、フィ、フゥ、フェ、フォ、ヴァ、ヴィ、ヴ、ヴェ、ヴォの文字を加えました。それからさらに、きゃ、きゅ、きょ、じゃ、じゅ、じょ、ぴゃ、ぴゅ、ぴょ……などの拗音を加えたり、と改良を続けました。

　そのころは、歴史的かなづかいといって、たとえば「研究」と書いて「けんきゅう」と発音しても、ひらがなで書くときは「けんきう」、「改良」と書いて「かいりょう」と発音しても「かいりやう」というように書きあらわしていましたから、小さい「ゃ」「ゅ」「ょ」を書く必要がなかったのです。点字でもはじめは同じように書いていましたが、しだいに発音のとおりに書いた方がよいという意見が強くなって、拗音が加えられました。

　京都市立盲啞院（京都盲啞院は1889年（明治22年）に市立になりました）でも、日本の点字がつくられた次の年から、すぐに点字をとりいれました。やがて数学や理科、楽譜の記号も決められていきました。はじめはかんたんな記号だけでしたが、どんなことでも書きあらわせるように、少しずつ整えられていきました。さわってわかる地図も工夫されるようになりました。

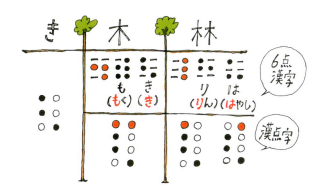

漢字だって書ける！

　言葉は生き物。同じ日本語でも場所によって少しずつちがい、時代とともに変化していきます。点字も同じ。いろいろなことを、きちんと書きあらわすためには、新しい記号を加えたり、書き方を変える必要がでてくることがあります。

　日本中で使われるようになると、どんな書き方がわかりやすいか、意見が分かれることもあります。点字の出版所ができてくると、出版所によって書き方がちがう部分もでてきました。点字の書き方を統一するために、新しい書き方を決めるために、たくさんの議論がありました。

　漢字とかなのまじった普通の文字で書かれた文章を自動的に点訳できないか、と考えた人がいます。長谷川貞夫は自動点訳のためには点字で漢字を書きあらわすことが必要だと考えて研究を始めました。1972年（昭和47年）にはさいしょの原案をまとめましたが、研究を続けて、漢字の数をふやしていきました。その後も長い間その研究が続けられました。

　日本語を読み書きするのに、漢字はどうしても避けられない問題です。長谷川貞夫とはべつに、川上泰一も点字で漢字を書きあらわす方法を考えだしました。長谷川式は「6点漢字」とよばれ、音読みと訓読みをもとにつくられています。川上式は「漢点字」とよばれ、8点の点字で、漢字のへんとつくりがもとになっています。

41

STEP 03　点字のそれから、点字のこれから

変わり続ける点字

　視覚障害者が情報をえるために、パソコンは今ではなくてはならないものになりました。画面に書かれていることを理解したり、パソコンを使いこなすためにマニュアルを読んだりするためには、コンピュータで使われる記号を新しく決めなければならない。普通の文字で書かれていることを正確に読みたい。自分できちんと書けなければ不便だ。もっと読みやすい点字にするためにはどうしたらいいのか……。そうやって点字も少しずつ変わっていくのです。

　これからも日本語が変わっていくのに合わせて、点字の書き方も変わっていくことでしょう。石川倉次は点字をつくってからも研究を続けて点字を改良していきましたが、それは今も受け継がれているのです。そしてそれを支えているのは、いつの時代も点字を使っている人たちの、もっと知りたい、もっと学びたいという強い願いなのです。

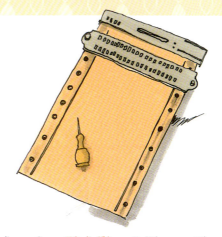

> 点字を書く道具がほしい！

　点字ができたばかりのころは、点字を書く点字盤も日本では作っていなかったので、イギリスから輸入しなければなりませんでした。滝録松という鋲（くぎのようなものです）を作っていた人が、イギリスの点字盤は高いし、とどくまでに時間がかかることを聞いて、1899年（明治32年）に点字盤を作り始めました。はじめはうまくいきませんでしたが、少しすると使いやすい点字盤が作られるようになりました。

　点字の本が少なかったので、点字盤が手に入るようになると、点字の本を1冊ぜんぶ書き写すこともめずらしくありませんでした。左手で点字を読んで、それを右手で書き写していくのです。コピーなんてない時代でした。

　やがて印刷機が輸入されて、点字の印刷も始まりました。1922年（大正11年）には、点字の新聞「点字大阪毎日」が発行されることになりました。1週間に1回だけの新聞でしたが、自分で読んで、いろいろなできごとを知ることができるようになったのです。この新聞は、「点字毎日」というタイトルに変わって、今でもずっと続いています。

　点字タイプライターもはじめは輸入でした。タイプライターを使えば、点字盤で1点1点うつよりも、速く、らくに書くことができます。石川倉次も自分で考えてタイプライターを作っています。日本で本格的にタイプライターが作られるようになったのは第2次世界大戦後のことです。

STEP 03　点字のそれから、点字のこれから

> パソコンの力は大きい！
> でも、考えるのは人間

　点訳のために使う道具は、長いあいだ点字盤か点字タイプライターでしたが、今ではほとんどパソコンになりました。点訳ソフトを使ってパソコンで点訳してデータを保存。点字プリンタでうちだすので、同じものを何部でもかんたんに作ることができるようになりました。

　とはいっても、点字をうつのはやっぱり人間であることにかわりはありません。コンピュータが考えて何もかもしてくれるわけじゃない。点字の書き方については第2巻『読む書く、きほんの「き」』を読んでほしいのですが、書き方をきちんとマスターしなければ、いくら便利なパソコンを使ってもきちんとした点字を書くことはできないのです。

　普通の文字のデータを自動的に点字に直すソフトも開発されて使われていますが、完全ではないのです。日本語は漢字とかながまじっていて、それをかなだけの点字に直すのはむずかしいことなのです。たとえば「御手洗」と書いてなんと読むか。「おてあらい」、それとも人の名前で「みたらい」さん？こんなこともコンピュータでは判断できないことのひとつです。

　それから、普通の文章を書くとき、読みやすくするためにいろいろな工夫をするでしょう。たとえば、タイトルを大きな字で書いたり、四角いわくでかこんだり、めだたせたいところを太い字で書いたり……。点字を書くときにも読みやすくするための工夫をしますが、そのやり方がちがっているので

44

す。機械ではまだまだそのへんがじょうずにできません。

　まちがいのまじった点字なら機械が直してくれます。でも、それをきちんとした読みやすい点字にするのは、やっぱり人間の仕事。コンピュータを使えばだれでもかんたんに点訳できるようになれば、もっといろいろなものが点訳されるでしょうね。でも今は、コンピュータを使うからこそ、それを使う人間がきちんと点字の規則を理解していることが大切、まだそういう時代です。

　視覚障害者が文字を読んだり書いたりする道具も、点字盤やタイプライターだけではなくなりました。コンピュータのデータになっている点字がぴょこぴょこぴょこっとうきあがってくる「点字ディスプレイ」という機械があります。パソコンの機能と点字ディスプレイを使えば、点字を紙にうちださずに、必要な部分だけを読むことができるのです。もちろん、メモをとったり文章を書いたりすることにも使われます。また、コンピュータのデータなら普通の文字で書かれたものも、音声装置を使って読むことができます。インターネットの情報を読むときも、普通の文字の文章を書くときにも、音声が役に立ちます。コンピュータは視覚障害者の生活を大きく変化させたのです。

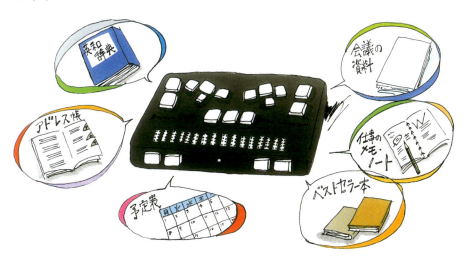

STEP 03　点字のそれから、点字のこれから

> テープレコーダー
> からデイジー図書へ

　日本でテープレコーダーが販売されるようになったのは1955年（昭和30年）ごろからです。はじめのころはずいぶん大きくて、値段も高いものでしたが、視覚障害者の読書の世界は大きく広がりました。

　1998年（平成10年）からは、「デイジー図書」という、デジタル録音図書が開発され、利用されるようになりました。デイジー図書なら、1枚のCDに約60時間も録音できるし、聞きたい場所へもかんたんに移動することができます。また、インターネットからデータをダウンロードすることもできるので、貸し出し中ですぐに読めないということもなくなりました。

　点字という文字をもつことはとても大切なことですが、視覚障害者の中には大人になってから失明して、点字がすらすらと読めない人もたくさんいるのです。また、点字を読むのに慣れている人も、録音図書は点訳よりも早くできあがるので、いそいで読みたいときや何かをしながら本を読みたいときには録音図書で、と、点字と使い分けている人も多いのです。

> 選挙、署名、試験……

　1925年（大正14年）には選挙での点字の投票が認められました。盲人の文字として、点字が少しずつ社会に認められるようになっていきました。点字で署名することも、1969年（昭和44年）に認められました。

　大学に進学する視覚障害者も今ではめずらしくなくなりました。ずっと以前は、点字を使っている人が大学を受けることになると、試験を口頭試問、つまりほかの人とはちがう面接のような方法にかえられていました。今は、ほかの受験生と同じ問題を点訳して受けることがほとんどです。

　幼稚園や小学校、中学校、高校でも、普通の学校で点字を使う人が勉強するケースもふえています。たくさんの点訳者がその人たちの教科書や参考書などを点訳しています。

　いろいろな資格試験や会社の入社試験なども、だんだん点字で受けられるようになってきました。全盲で司法試験に合格して、今は弁護士として仕事をしている人もいます。

　でも、「この大学を受けたい」「この仕事をしたいから就職試験を受けよう」というときに、点字での受験をことわられてしまうこともたくさんありました。「点字で受験させてください」という交渉からスタートしなければならなかったのです。その交渉は、すぐにOKの返事がもらえることもあるし、何年もかかってしまうこともあるし、けっきょくことわられてしまうこともありました。

STEP 03　点字のそれから、点字のこれから

　2006年（平成18年）に国連総会で「障害者権利条約」が定められ、日本でも、2013年（平成25年）に「障害者差別解消法」が制定されました。2017年（平成29年）から、いよいよその法律によって決められたことがスタートし、私たちの社会は、障害のある人も障害のない人と同じように生活していける社会に変わりつつあります。点字で受験したいという希望をことわることは、法律の上ではできないことになったのです。

　もちろん、法律ができただけでは、世の中は急に変わらない！　人々の意識を変えることは、法律をつくることよりもむずかしいことかもしれません。いろいろな人の努力が、いろいろなところで、今日もつみかさねられています。

48

> たくさんの本が読みたい！

　点字という文字をもったことで、視覚障害者の世界は大きく広がりました。いろいろなことを知りたい、もっとたくさんの本を読みたいと多くの盲人が願っていました。
　岩橋武夫は1933年（昭和8年）大阪盲人協会・ライトハウスをつくり、その仕事のひとつとして、本を点訳して盲人に貸し出しを始めました。今の言葉でいえば、点訳ボランティアの人たちが（そのころは「点訳奉仕者」とよばれていました）、「トルストイ全集」や「夏目漱石全集」をこつこつと点訳しました。
　岩橋武夫は早稲田大学の学生だった20才のとき突然失明し、いちどは大学を中退したのですが、もういちど、今度は関西学院大学に入学して、その後イギリスのエディンバラ大学に留学した人です。1927年（昭和2年）に、武夫がロンドンにある王立英国盲人協会の点字図書館に行ったときには、すでに15万冊の点字の本がありました。多くの本の中から自分で読みたい本を選んで読むことができる！　日本では考えられない経験でした。武夫はそこでたくさんの本を読み、盲人の福祉についても学んで帰ってきました。

STEP 03　点字のそれから、点字のこれから

日本盲人図書館が できる

　1940年（昭和15年）には本間一夫が、日本盲人図書館をつくりました。石川倉次によって日本の点字がつくられてからちょうど50年がたっていました。けれども、まだ世の中に点字のことがあまり知られていなかったので、点字図書館ではなくて、盲人図書館という名前にしたそうです。
　本間一夫は5才のときに失明しました。13才まで学校に行きませんでしたが、本を読んでもらうのが大好きでした。でも、だれかがいなければ本を読んでもらうことができない、ひとりでは読むことができないことを思うとき、一夫はくやしくて、見えないことのつらさ、悲しさで胸がいっぱいになるのです。一夫はこのときはまだ点字というものがあることを知りませんでした。
　一夫が点字と出会ったのは、1929年（昭和4年）5月15日、函館盲唖学院に入学した日です。一夫はその日、院長先生から「点字毎日」をてわたされて、点字に初めてふれたのです。こんなてんてんが文字だなんて！　自分で読める文字があったんだ！　その喜びは自分で本が読みたいと願っていたルイ・ブライユが、凸字に初めてふれたときの感激を思い出させます。そうして、ブライユが凸字に慣れると、本の数が少ないことにがっかりしたように、一夫も、学校にははりやあんまなどの本が少しあるだけで、自分が読みたいと思う本はないことを知って、もっともっといろいろな本を読みたいと強く思うようになったのです。

一夫が将来のことを考えて悩んでいるとき、大きな出会いがありました。岩橋武夫が函館に講演にやってきたのです。さらに、やはり小さいころに失明して、牧師になった熊谷鉄太郎の話を聴くことができました。一夫と同じように失明しながら、多くの盲人の福祉のために活動している大先輩との出会いで、一夫は目が見えなくてもいろいろな道があることを知りました。一夫の進む道はだんだん決まってきました。

そして、18才のとき、好本督の書いた本を読んだ一夫は、岩橋武夫も行ったイギリスの点字図書館のことを知りました。好本督は生まれつきの弱視でしたが、貿易商になってイギリスに住み、盲人の地位の向上を願って、多くの盲人の支援をしていました。点字の本だけを集めた図書館があるなんて！　日本でも何とか自分の手で点字図書館をつくれないものか。このときから一夫の進む道ははっきりと決まったのです。

日本盲人図書館がスタートした次の年には、日本も第2次世界大戦に加わりました。戦争で図書館のたてものは全焼してしまいましたが、点字の本は疎開させていたために無事でした。

1958年（昭和33年）にはテープライブラリーを始めて、録音図書が貸し出されるようになりました。1999年（平成11年）からは、テープ図書よりもずっと読書しやすくなったデイジー図書の貸し出しもスタートしました。また、さまざまに工夫された盲人用具を紹介して販売する仕事も加わりました。今では点字図書館は全国に90館以上、日本盲人図書館は日本点字図書館となって、日本でいちばん大きな、中心的な点字図書館になっています。そして、時代の変化とともに、視覚障害者の願いにこたえて次々と新しい仕事にとりくんでいます。

STEP 03　点字のそれから、点字のこれから

> みんなの家の近くの図書館はどう？

　今は点字図書館ばかりでなく、公共図書館でも視覚障害者むけのサービスをするところがふえています。点字や録音図書を貸し出したり、対面朗読室という部屋を作って、普通の文字の本を読むサービスをしたり。自分の家のそばの図書館を使いたいと思うのはだれでも同じです。それに、点字やデイジー図書は、普通の文字の本に比べたらどうしても種類が少ないので、公共図書館がもっている本を使えると、ずいぶん情報量がふえるのです。みんなの家の近くの図書館は、どうですか？

点訳ボランティア

　日本点字図書館はスタートしたときから、図書館の点字の本を作る点訳奉仕者を育て、多くの奉仕者に支えられてきました。点字がつくられたころには考えられないことでしたが、多くの点字図書館はこの点訳奉仕者のおかげで点字の本をふやし、貸し出すことを続けてこられたのです。今では、「自分から進んで物事を行う人」という意味で、「ボランティア」ということが多くなりました。点字図書館ばかりでなく、点訳講習会を開く自治体もあります。パソコンで点訳ができるようになり、点訳ボランティアの数もふえました。

　点訳されるものも、むかしははり・きゅう・あんまに関するものや有名な文学書が中心でしたが、今ではいろいろな種類のものが点訳されるようになりました。コンピュータのマニュアル、参考書、小学生や中学生に人気のある本（教科書にのっているような"まじめ"な本じゃなくて）、個人の趣味で読みたい本、電気製品のカタログ……。

　むかしは点字盤で、そしてタイプライターが使われるようになって、今ではほとんどのボランティアがパソコンを使って点訳するようになりました。パソコン点訳になって、完成するまでの時間もずいぶん短くなりました。以前は点訳をたのんでから1年くらいたって、ようやく読みたかった本が読めるようになるということもめずらしくありませんでした。今はもっと早く読みたい本が手に入るようになりました。

STEP 03　点字のそれから、点字のこれから

点字をありがとう

　日本盲人図書館をつくってから3年めに、一夫は日本の点字をつくった石川倉次をたずねて、あらためて感謝の気持ちを深くしました。そこで、図書館の利用者によびかけて、石川倉次への感謝の言葉を集めて贈ることにしました。1944年（昭和19年）3月にまとめられた「日本点字翻案者石川倉次先生にささぐる感謝のことば」は、戦争中だったために、良い紙を使ったり、きれいな表紙をつけたりすることはできませんでしたが、中はたくさんの盲人の感謝の言葉であふれています。

　少しむずかしいですが、そのまま書き写してみます。名前がカタカナなのは、点字で書かれているのでどんな漢字かがわからないからです。

　見えないだけでなく、聞こえないという障害ももった盲聾者の利用者もありました。ひとりででかけたり、自由に話したり、音楽を楽しんだりすることのできない盲聾者にとって、点字はどんなにか大きい支えでしょうか。

　この文集が作られてから70年以上たった今では、点字はあってあたりまえの時代になりました。点字を読むたびに石川倉次のことを思い起こす人は少ないかもしれません。晴眼者が普通の文字を、日本の文字はどうやってつくられたのかなんて考えることなしに、なにげなく使っているように。

　でも、点字で読んだり書いたりする喜びや便利さ、途中で失明した人が点字を覚えることで、もういちど文字をもつことができたと思う気持ち、点字を覚えた盲聾の人にとっては、点字は生きるための水や空気のような存在であることにかわりはないように思います。

54

点字は盲人文化の光であり生命であります。文通に学習に、また文学鑑賞に、普通人と同じように自由に使用される点字のありがたさはたとえようもありません。もしいまだに点字翻案とゆうことがなかったら盲人世界はどんなでありましょう。まったく無知と暗黒の混沌世界とでもいったふうでありましょう。まことに点字のおかげで学者あり、詩人あり、また事業家さえもあります。

（東舞鶴市　ニシヤマ　フミオ）

私の一生は点字で救われた。失明によって文字の世界よりほうりだされた私は、六星の光をあおいでふたたび文字の世界に生きることができた。未熟ながらいま私のもてる思想、技術はまったく点字のおかげである。この点字が『石川先生』によって翻案されたと知ったとき、先生こそ盲人の神ともあおぐべきお方だと思った。以後私は点字書をひもとくたびに、東に向いて合掌しております。

（福岡県　キダ　トシオ）

点字は盲人文化の基礎であり、また心の糧でもある。私は医師から将来の失明を宣告されたので、点字の必要をさとり、それから懸命に習得した。そのためへたながらも見えず聞こえずとなった今日、おおいに助かっている。ことに日本盲人図書館から拝借する図書を読ましていただけるので、ひじょうに慰められ、生きがいを感じているのである。ああ、幸福なるかな我ら盲人。ささげよう感謝のまことを。石川倉次先生へ。

（東京都　オオコウチ　マサツグ）

おわりに

　ルイ・ブライユが点字を発明したとき、彼は15歳でパリの盲学校の生徒でした。日本の点字がつくられたときにも、盲学校の生徒たちが大きな力となりました。点字は、えらい先生が決めて教えたものではなかったのです。文字を使って勉強したい、生活の中で普通に読み書きをしたいという強い願いがあったからこそ、点字はつくりだされたのです。
　今、点字は視覚障害者の文字として世界中で使われています。言葉は生き物。今でも点字は新しい記号が加えられたり、英語点字の略字の使い方が変更されたり、わかりやすい書き方が研究され続けています。
　点字は今、どこで、どんなふうに使われているのかということも、気をつけて見ていてほしいことです。こんなところにも点字が使われていると思うこともあれば、こんなものも点字では読めないんだということも、まだまだあるのです。点字の今も、むかしも、両方大切にしてください。

点字をつくった人、育てた人をもっと知りたい人のために

　点字の発明者ルイ・ブライユについてはわかりやすく描かれたコミックも出版されています。何冊かの本を読んでみると、少しずつちがった面が見えてきます。ぜひ、いろいろな本を読んでみてください。

BOOK LIST

『ブライユ——目の見えない人が読み書きできる"点字"を発明したフランス人』ビバリー・バーチ／偕成社（1992）

『ルイ・ブライユ』（コミック版 世界の伝記33）迎 夏生／ポプラ社（2015）

『ルイ・ブライユ——点字を発明した19世紀のフランス人』
（小学館版 学習まんが人物館）新井隆広・広瀬浩二郎／小学館（2016）

『暗やみの中のきらめき——点字をつくったルイ・ブライユ』
マイヤリーサ・ディークマン／汐文社（2013）

『ルイ・ブライユ——暗闇に光を灯した十五歳の点字発明者』
山本徳造／小学館（2017）

『6この点——点字を発明したルイ・ブライユのおはなし』
ジェン・ブライアント／岩崎書店（2017）

『闇を照らす六つの星——日本点字の父 石川倉次』小倉明／汐文社（2012）

『愛の点字図書館長——全盲をのりこえて日本点字図書館を作った本間一夫』池田澄子／偕成社（1994）

『見えないお母さん絵本を読む——見えるあなたへのメッセージ』
岩田美津子／せせらぎ出版（1992）

文：黒﨑惠津子 （くろさき えつこ）

早稲田大学大学院文学研究科日本文学専攻修士課程修了。中学時代に点字部に入部、早稲田大学点字会での活動へと続く。立教高等学校で統合教育を受ける視覚障害者のコーディネーター、筑波大学附属盲学校司書教諭、日本図書館協会障害者サービス委員などを経て、現在は東京都立文京盲学校教諭。『子どものための点字事典』（汐文社）、『点字技能ハンドブック―視覚障害に関わる基礎的知識』（共著、視覚障害者支援総合センター）など、点字に関する著書が多数ある。

絵：朝倉めぐみ （あさくら めぐみ）

多摩美術大学油画科卒。出版社勤務を経て、ロンドンに留学。帰国後、イラストレーターに。装画・挿絵のほか、絵本、広告など活動は多岐にわたる。リトグラフを中心に版画制作も。ドイツで作品展を巡回。

デザイン ● 松本恵子
点字図版制作 ● 増田勇二（明昌堂）
撮影 ● 菅 朋香
写真 ● Pixta Photo Library

点字 はじめの一歩 ① 点字のれきし～ルイ・ブライユと石川倉次、そして今

2018年12月 初版第1刷発行
2020年 6月 初版第2刷発行

文 黒﨑惠津子
絵 朝倉めぐみ

発行者 小安宏幸

発行所 株式会社 汐文社
〒102-0071 東京都千代田区富士見1-6-1
電話 03-6862-5200 FAX 03-6862-5202
URL http://www.choubunsha.com

印 刷 新星社西川印刷株式会社 社会福祉法人 日本点字図書館
製 本 東京美術紙工協業組合

ISBN 978-4-8113-2447-0
乱丁・落丁本はお取り替えいたします。
ご意見・ご感想はread@choubunsha.comまでお寄せください。